In 27/20139

LES
LARMES
ET
REGRETS
DES FRANCOIS, SVR
LE LAMENTABLE TRESPAS DE
Monsieur le Comte de Vauuert;
Tué au combat Naual, donné
par l'Armée du Roy

CONTRE LA FLOTTE
rebelle du sieur de Soubize.

A PARIS,
De l'Imprimerie de NICOLAS ALEXANDRE.
M. DC. XXV.

LARMES

ET REGRETS DES FRANÇOIS, SVR LE lamentable Trespas, de Illustre Seigneur, Messire FRANÇOIS DE LEVY, Cheualier, Comte de Vauuert; Tué au combat Naual, donné par l'armée du Roy, commandée par Monseigneur le Duc DE MONTMORENCY, Admiral de France:

CONTRE LA FLOTTE rebelle du sieur de Soubize.

C'EST auec grande raison que les Poëtes feignent Prométhée auoir pestry l'argille auec laquelle il forma les hommes dans le fleuue de sestar-

A ij

mes : Car il semble que nous ne soyons nez & faits que pour pleurer & lamenter continuellement nos miseres. Ceste vie est suiuie d'vn flux perpetuel d'euenemens tristes, luctueux & lamentables ; vn enfer de douleur, vne vallée de larmes. Les hommes ne sont que le canal par ou fluent incessamment le mal & le bien. Le destin (disoit vn Ancien) verse d'vne main le bon-heur, de l'autre le mal-heur ; mais bien plus abondamment & souuent celuy-cy que l'autre. Que si iamais il a espandu sur nous, vne occasion, vn subjet, obligeant vn chacun à se changer & transformer comme vne autre Niobé, en torrens, fleuues & Occeans de larmes : C'est le funeste accident de la mort de ce ieune Seigneur, qui d'vn coup cruellement fatal, a esteint, suffoqué & fauché les vertus en leur Auril & Printemps, nous a priuez de cet agreable object de cet Astre radieux, de qui les douces influences par vn secret aymát, charmoiét, tiroient, lioient, enchainoient, & vnissoient à luy tous les cœurs. Tu és donc Eclipsé beau Soleil de nos iours dans ton Orient ? Nous ne iouïrons plus de ton aymable lumiere ? Ce clair flambeau ne luyra plus sur le ciel de la vertu ? Helas ! pleurons, pleurons, pleurons. Et vous Nymphes des bois, troupe celeste des Muses, accourez, accourez toutes escheuelees, pleurez celuy qui vous a tant cheries, vostre mignon & nourrisson. Couurez son Tombeau de roses & de fleurs.

Spargite humum folijs indicite frondibus vmbras.

Quand l'vn des mébres du corps

A iij

vient à souffrir quelque douleur, tous les autres y participent; ainsi le corps Ciuil & Politique ne peut faire perte d'aucun de ses Citoyens, qu'elle ne luy soit griefve & douloureuse. Mais s'il vient à perdre des plus nobles, alors le dueil & la tristesse se debordent sans mesure. Elle remplit les esprits de lägueurs, les bouches de souspirs, les visages de larmes. Quel plus precieux & noble membre de ce Royaume? Quel subjet du Roy apres les Princes plus considerable, pourrions-nous auoir perdu que ce ieune Seigneur? Si l'on considere son extraction, il auoit pris son origine des deux plus Antiques, Augustes, & Illustres Maisons du monde, apres les Soueraines; à sçauoir de Leuy, & de Montmorency, de qui les principes & auspices vont du pair auec le commencement de ceste Monarchie; leur antiquité est egale auec celle du Royaume. Lors que la prouidence Diuine jecta les premiers fondemens de ceste Monarchie, par l'establissement de nos Roys de la premiere lignée, elle choisit ces deux familes pour principales pierres de cest edifice, apres les Roys fondemens d'iceluy: Et quand Dieu inspira le Roy Clouis à espouser la foy Chrestienne, le mesme S. Esprit embraza le cœur & l'affection des Barons de Montmorency & Leuy, premiers du Royaume. Ces Seigneurs par vne emulation & loüable ialousie, disputerent le rang & presceance en la reception du sainct Baptesme. Le Baron de Montmorency, prompt, impatient & hardy, sans attēdre la decision de ce differend, s'eslança dans les sacrez Fons, Celuy de Leuy le suiuit. Par ce moyen le premier acquit le tiltre glorieux de premier Baron Chrestien, l'autre de second. Depuis ces deux grandes familles, ont comme deux beaux & aggreables fleuues arrousé, delecté, & illustré ce Royaume. Iceluy decoré de ses plus belles & admirables lumieres, Ce sont les pepinieres fecondes des Connestables, grands Maistres de France, grands Chambellans, Mareschaux de France, principaux Officiers de la Couronne, Grands & incomparables Heros; Modeles & Patrons de toutes Vertus, Astres de la Noblesse; exemples inimitables de fidelité à nos Roys, & d'amour au Public, Apuis & colomnes du Royaume, Temple de toutes Vertus, sur tout de Pieté & Deuotion enuers Dieu & son Eglise. Aussi ces si ces deux familles se sont de temps en temps meslées de diuerses aliances. Dont la derniere a esté de ce Phœnix de Sagesse & Prudence: C'est Illustre & inimitable Seigneur, deffunct Messire Anne de Leuy, Duc de Vantadour, Pair de France; & de ce grand & admirable Soleil de beauté, de vertu, de constance, magnanimité, & prudence, qui esclaire & esclairera à iamais la France, Madame Marguerite de Montmorency son Espouse. De ceste heureuse Alliance sont yssus six fils, ou pour mieux dire six demy Dieux, entre lesquels brilloit & esclattroit comme l'Estoile matiniere du iour ce nouuel Orient offusqué par ceste mort funeste, nostre Valeureux Comte de Vauuert, qui combatant courageusement pour la querelle de Dieu & de son Roy;

B

a dans sa mort glorieuse trouué les fondemens solides d'vne vie immortelle, en l'âge de 24. ans. Qui ne lamentera donc de voir ceste ieune plante par vne mort precipitée & prematurée, fanie & flestrie? auant que d'auoir produit les fruicts que promettoit vne si illustre vertu? Themiste disoit en son liure de l'Ame, que la mort des ieunes est semblable à vn naufrage; Il semble que ce soit vne violence que le destin aye fait à la nature d'enleuer hors la carriere celuy qui ne faict que commencer sa course. D'ailleurs, qui se rememorera les rares parties de ceste belle ame, les voyát ternies & obscurcies à iamais dans l'abysme de la mort, ouurira promptement la bonde aux pleurs, plaindra la perte de cet ornement que le Ciel auoit donné à nostre âge. Y eut-il iamais chose plus admirable que de voir dans les plus grandes ardeurs de sa ieunesse, vn iugement si solide, si iudicieux, si meur, si constant, si clair ? vne prudence plus exquise, qui faisoit honte à ceux qui auoiét passé quasi vn siecle dans les flots inconstans de ceste vie ? Qui estoit l'oreille si agreste & sauuage, qui ne fut enchantée par ceste faconde si charmante, laquelle comme d'vn autre Mercure couloit & fluoit de sa bouche pourprine ? Qui n'estoit rauy à l'aspect de ceste taille haute, droite, allegre, semblable à celle d'vn ieune pin ? De ses yeux deux astres doucement flamboyás ? De ses mœurs si humbles, modestes & temperez ? De ce port si maiestueux & aggreable, De ce courage si heroïque & genereux, De cet abord si affable & courtois: En sor-

B ij

te qu'il estoit impossible de le voir, & ne le point aymer? Il auoit composé sa vie d'vne si douce grauité, d'vne si graue modestie, d'vne si modeste frugalité, que ses mœurs pouuoient seruir d'oresenauant de loix au reste des hommes, à la veuë desquels il viuoit. Mais comme disoit vn Ancien, le destin est ie ne sçay comment enuieux de l'eminente vertu, Et ne luy permet pas de prendre son entiere croissance, ou estendre longuement sa durée. Nos larmes & nos pleurs ne peuuét faire reuiure & reluire ceste excellente vertu esteinte : Mais ils seront tesmoins de nostre pieté douleur & ressentiment ; Il faut auoir des larmes non opiniastres & indomptables, ains qui seruent à tesmoigner nostre humanité, qui soient les arres & recognoissances des mal-heurs qui trauaillent ceste miserable vie, en laquelle ne se trouue aucune fœlicité ferme & permanente; & outre ce, seront marquez du desplaisir que nous ressentons de voir l'esperance que nous auions conceu d'vne telle vertu, si tost esuanouye.

Heu miserande puer si qua fata as-
pera rumpas,
Tu Marcellus eris. Manibus date
lilia plenis,
Purpureos spargam flores, animam-
que nepotis,
Vt saltem accumulem donis, & fun-
gar inani,
Munere ———

D'ailleurs, nos souspirs & nos plaintes seruiront à perpetuer & immortaliser son renom glorieux. Ie voy, ie voy, ô Genereux Athlete de la foy, sacré surgeon d'vne si illu-

ſtre Tige, voſtre gloire prendre
ſon nom & ſa croiſſance vers tous
les ſiecles à venir ; s'eſlargiſſant
touſiours, s'enflant, s'aduançant ne
plus ne moins que les fleuues qui
s'eſloignent de leur ſource. Vous
auez en voſtre mort ſuiuy les traces
de vos ayeulx, qui ont perpetuelle-
ment prodigué leur vie & leur ſang
contre les Infidelles & Heretiques.
Ainſi Philippes de Leuy Chambel-
lan de France, ſouz le Roy S. Louys,
au ſiege de Damiette; couurit de
ſon corps le Roy contre les traicts
des fleſches & des dards de ſes enne-
mis, expoſa ſa vie pour ſauuer celle
de ſon Maiſtre, contre les Barbares
& Sarrazins: Ainſi Guigues de Leuy
du regne de Philippes Auguſte,
acquiſt le tiltre Auguſte de Mareſ-
chal de la Foy, pour auoir par ſa ſa-
ge conduite & valeur au prix de ſon

sang, extirpé & exterminé les Heretiques Albigeois. Ainsi auez-vous ô ame genereuse espandu vostre sang à trauers les feux, foudres & tonnerres de Canon, pour aquerir à vostre Roy vne grande & signalée victoire, laquelle purge la mer des brigands & Pyrates, rend Neptune de tous poincts obeïssant au Roy, & luy prepare vne entiere & parfaite victoire. Que pouuiez-vous desirer cher fleuron de Leuy, sinóque vostre vie se terminast par vne fin digne de couronner vne vie si signalée d'honneur & de gloire, telle que Dieu vous a donnée? Ceux qui se peuuent promettre de la beatitude en leur mort sont ceux qui s'y sont acheminez par vne vie loüable & glorieuse, & laissent en partant le tesmoignage & le regret tout ensemble de leur vertu. Or ceste impreſſió demeurera touſiours dans les cœurs des François. Le nom de François de Leuy ne mourra point en France, tant qu'on y parlera François. Viuez à iamais heureuſe, ame glorieuſe, dans la fœlicité eternelle, qui auez deſpendu voſtre vie en la deffenſe de la Religion Catholique, pour laquelle vos ayeulx ont ſi genereuſement combatu: Qui auez eſchangé ceſte vie periſſable en vne immortelle. Vos parens & tous les bons François, vous dreſſeront vn monument en leur cœur, vne image en leur eſprit, en laquelle ils honoreront continuellement la memoire de voſtre vertu. En ſorte qu'elle aura pour fin l'infinité, & pour durée l'immortalité.

Dum iuga montis aper fluuios dum piſcis amabit,
Dumque thymo paſcentur apes, dum rore cicadæ
Semper honos, nomēque tuum, laudeſque manebunt.

FIN.

www.ingramcontent.com/pod-product-compliance
Lightning Source LLC
Chambersburg PA
CBHW060631050426
42451CB00012B/2534